刻在石头上的中华五千年

撇捺间的大宋风雅

煜程国际文化传播（北京）有限公司
苏州和云观博数字科技有限公司 /著　　张云 /主编

天地出版社 TIANDI PRESS

图书在版编目（CIP）数据

撇捺间的大宋风雅 / 煜程国际文化传播（北京）有限公司，苏州和云观博数字科技有限公司著；张云主编．—成都：天地出版社，2023.1（2023.3重印）

（刻在石头上的中华五千年）

ISBN 978-7-5455-7296-4

Ⅰ.①撇… Ⅱ.①煜… ②苏… ③张… Ⅲ.①石刻—考古—中国—宋代—儿童读物 Ⅳ.① K877.4-49

中国版本图书馆 CIP 数据核字（2022）第 195981 号

PIE NA JIAN DE DA SONG FENGYA
撇捺间的大宋风雅

出 品 人	杨　政
总 策 划	戴迪玲
责任编辑	王　倩　刘桐卓
装帧设计	霍笛文
营销编辑	陈　忠　魏　武
责任印制	刘　元

出版发行	天地出版社
	（成都市锦江区三色路 238 号 邮政编码：610023）
	（北京市方庄芳群园 3 区 3 号 邮政编码：100078）
网　　址	http://www.tiandiph.com
电子邮箱	tianditg@163.com
经　　销	新华文轩出版传媒股份有限公司

印　　刷	北京雅图新世纪印刷科技有限公司
版　　次	2023 年 1 月第 1 版
印　　次	2023 年 3 月第 2 次印刷
开　　本	787mm×1092 mm 1/16
印　　张	3
字　　数	60 千字
定　　价	28.00 元
书　　号	ISBN 978-7-5455-7296-4

版权所有◆违者必究

咨询电话：（028）86361282（总编室）

购书热线：（010）67693207（营销中心）

如有印装错误，请与本社联系调换。

西安碑林博物馆编委会

- 主　编：张　云
- 副主编：李　慧
- 编　委：刘　艳
　　　　　倪丽烨
　　　　　白雪松

本书编委会

- 特约策划：徐燕明
- 执行主编：李　佳
- 特约编辑：李　佳　高艳花　张　莉
- 插　　画：李志关
- 美术编辑：刘　孟　卜翠红
- 视效编辑：李倩倩　吕文昊
　　　　　　周年琨　朱苏倩

AR 文物课开讲啦

本书精选 20 组文物，量身打造 20 节 AR 文物课。只需两步，古老的文物就会与崭新的 AR 技术相遇，让文物"动"起来！

01

用微信扫描二维码，进入本书的 AR 小程序；

02

识别有 📷 的页面；或者点击左下角"臻品"，选取相关文物讲解；

AR 文物课开始了，听文物讲述自己的故事！

碑林创建和金石学

宋朝

宋朝（960—1279）唐朝灭亡后进入五代十国时期。960年，后周大将赵匡胤建立宋朝。宋朝分北宋和南宋两个阶段。宋朝时帝王重文轻武，重视发展教育。民间推崇理学，研究经学，金石学和刻帖之风兴起，碑林也是在这样的背景下创立的。宋朝文明的主要代表是宋词和宋瓷。宋朝还是书法家会聚最多的朝代，出现了宋四家和以宋徽宗为代表的帝王书法家。

赵匡胤出身武将，又亲身经历了"黄袍加身"，所以在他当了皇帝之后，便颁布了很多法令，限制武官的权力，重视发展教育。赵匡胤和他之后的历任皇帝都采取了这一治国方略。

为了鼓励学子们读书科举、参政治国，宋真宗写过一首有名的《劝学诗》。

陈桥兵变

唐朝灭亡后，出现了割据混战的局面。黄河流域相继出现五个朝代，分别为后梁、后唐、后晋、后汉、后周，同时，在南方各地和北方的山西还有十个国家，总称五代十国。

960年，后周大将赵匡胤在陈桥驿驻军时，他的部下把一件黄袍披在他身上，发动兵变拥立他当皇帝。于是赵匡胤夺取后周政权，建立了宋朝，定都开封，史称北宋。北宋建立后，陆续消灭了许多割据政权，结束了分裂局面。

文化卡片

劝学诗

赵恒

富家不用买良田，书中自有千钟粟。
安居不用架高堂，书中自有黄金屋。
出门莫恨无人随，书中车马多如簇。
娶妻莫恨无良媒，书中自有颜如玉。
男儿欲遂平生志，五经勤向窗前读。

宋朝时，每到科举放榜这天，很多高官、富绅齐聚榜下，在考中进士的人中为自家女儿挑选夫婿，这就是**"榜下捉婿"**的由来。

宋仁宗时期，为了加强对官办学校的管理，出台了《京兆府小学规》。

听说宋朝也有小学生守则，姐弟俩决定去看看宋朝的学校什么样。

文化卡片

宋朝的学校分为大学、小学。大学是高等教育，相当于现在的大学阶段；小学又叫蒙学，是启蒙教育的意思，相当于今天的小学。在宋朝，正常标准是八岁入小学，十五岁入大学。当然也有特例，据记载，开封的国立小学中，年龄最小的六岁，年龄最大的三十三岁。

❶ 十五岁以下的学生犯错要挨板子。

❷ 年长的学生犯错要接受罚款。

❸ 宋朝出现了不少蒙学读物，比如《三字经》《百家姓》《千家诗》等。

❹ 《京兆府小学规》把入学的学生依据已有基础和学习水平分成三个等级，不同等级的学生每天要完成的学习任务是不同的。

有问必答

"赵钱孙李"为什么能成为《百家姓》前四姓？

因为《百家姓》形成于宋朝，宋朝皇帝的赵姓成为国姓。之后的三姓为吴越国国王钱俶(chù)、其正妃孙氏，以及南唐国主李氏的姓氏。

宋朝小学生的年龄是八到十四岁。

怎么有这么大的小学生呀？

基本信息

时代：北宋至和元年（1054）
尺寸：高 300 厘米，宽 99 厘米
收藏地：西安碑林博物馆
文物来源：原立于宋朝京兆府小学

京兆府小学与范仲淹

北宋时期经历了三次兴学运动，地方官学广泛建立，朝廷不断加强对地方官办学校的管理。位于长安（今西安）的京兆府小学就是在第一次兴学运动中建立的。这次兴学主要的推动者是时任参知政事的北宋著名政治家、教育家、文学家范仲淹。

小学生守则的鼻祖

《京兆府小学规》记述了不同年龄段学童在校的学习内容、日常行为规范以及学校的管理制度等，是中国现存最早的小学学规。

先过入学审查再上学

《京兆府小学规》对学生入学的条件和信息有明确的规定。小学生入学前要先见老师，提交家状和保状后才能入学。家状类似现在的学生个人及家庭信息表，一般记录个人履历、年龄、籍贯等信息；保状是家长同意学生入学出具的证明。家状与保状可以确保生源质量，同时便于学生管理，还可以管控学生的生源地。这项管理规定为后世学校生源及学生的学籍管理提供了借鉴。

京兆府小学规碑

老师打学生居然是合法的

在古代教育中，对犯错的学生进行体罚是很常见的。《京兆府小学规》中规定，十五岁以下学生的体罚一般是用鞭子或者棍子打。相比之下，现在的学生就不用担心受这种皮肉之苦了。

宋朝小学里也有班长？

宋朝小学里设有学长一职，由学生中资质好、知识水平较高的学生担任。学长的主要任务是辅助老师管理学生，包括指导其他学生的学业和检查学生们的过失等，这个职位是不是很像现在的班长？

古代的小学生也不好当呀。

> **基本信息**
>
> 时代：北宋咸平二年（999）
> 尺寸：高298厘米，宽105厘米
> 收藏地：西安碑林博物馆
> 文物来源：原立于宋朝京兆府小学

僧人书法家

碑上的篆书由北宋高僧梦英书写。梦英是北宋有名的书法家，他的书法继承了李阳冰篆书的传统，字体古朴典雅，凝重浑厚。梦英掀起了宋朝初期的篆书热潮，带动了一大批人学习小篆，为小篆书法的传承做出了贡献。

宋朝的字典

梦英法师将东汉许慎《说文解字》中的五百四十个偏旁部首用篆书写出来，一个篆书下面用两个楷书进行注音，类似现在查字典学习新字。

两个字怎么拼呢？如用"徒红"两字标注"同"字的发音，"徒"字用来代表被注音字的声母，"红"字用来代表被注音字的韵母和声调，两者合起来就是新字的发音了。因为我们现在说的普通话和古代的发音是不一样的，所以碑上的很多字我们拼不出来了。

国宝有话说

> 原来这是刻在石头上的字典。

篆书目录偏旁字源碑

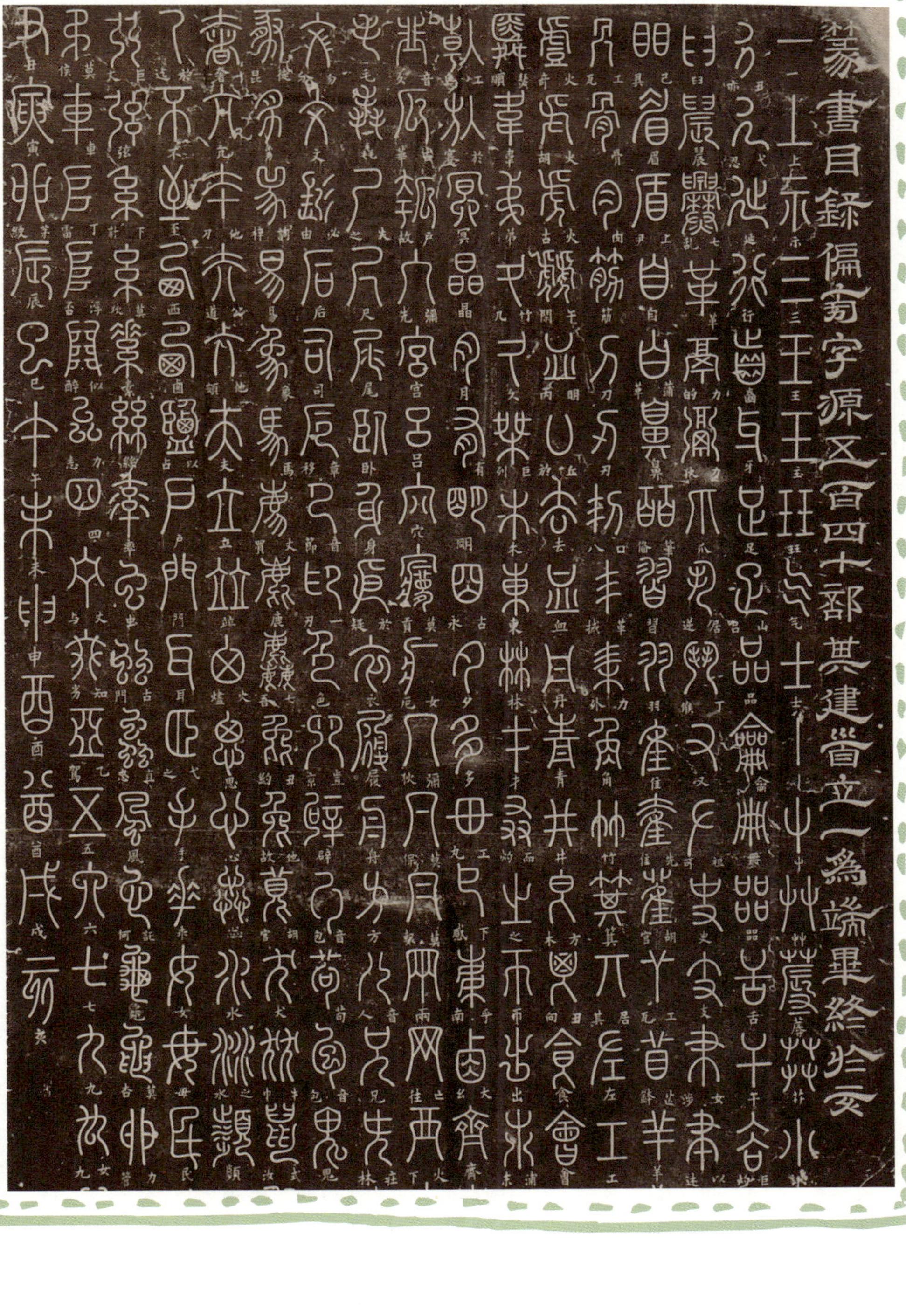
篆書目錄偏旁字源五百四十部其建首立一為端畢終於亥

科举制度在宋朝得到空前发展,科举取士名额的大幅度增加,吸引了更多的人参加考试,所以对考试用书的需求也提高了。

北宋发明家毕昇在雕版印刷术的基础上发明了活字印刷术,这一革命性发明极大地提高了印刷效率。活字印刷术推动了人类文明的传承、传播,被誉为"人类文明之母"。

【文化卡片】

宋朝有教辅书吗

宋朝时,市面上有一本热销的考前辅导书,叫作《决科纪要》,这本书有答题技巧、考试重点和往年考中的范文等方面的内容。

不过,宋朝政府特别反感这种教辅,经常查禁。因为这类浓缩经典的书籍容易断章取义,形式上也支离破碎,急功近利的考生只读这本书却不读原典,即使考中了也会是不学无术的人,不利于国家选拔出真正的人才。

活字印刷术使用可以移动的木、金属或胶泥字块印刷,且字块可以重复使用。活字印刷术先后传入朝鲜、日本、中亚等地,推动了欧洲印刷技术的革命。

1057年的科举考试，堪称千年科甲第一榜。主考官是欧阳修，他是当时的文坛领袖，诗词书画造诣都很深。这届科举的进士里出了数十位名动千古、对后世影响极深的人物，横跨了文学、政治、思想、军事等多个领域。

快来和姐弟俩一起认识一下这些顶级学霸吧。

欧阳修非常善于发现人才，举荐过苏轼、苏辙、曾巩、包拯、韩琦、司马光等人。欧阳修写过一篇千古名文《醉翁亭记》，醉翁亭由此名扬天下。

夜坐弹玉琴，琴韵与指随。

这次科举考试的副考官是**梅尧臣**，他被称为宋诗"开山祖师"。在北宋诗文革新运动中与欧阳修、苏舜钦齐名，并称"梅欧""苏梅"。

文化卡片

欧阳修儿时家境贫穷，没钱买纸笔，他的母亲就让他用芦苇秆当笔、用地当纸练字。他没钱买书，就向邻居借书读，借来之后总是废寝忘食地挑灯夜读。就这样，欧阳修读了很多书，学问快速增长。但欧阳修的科举之路并不顺利，他参加了三次科举考试才最终榜上题名。

他写一篇游记就让这个亭子出名了，真厉害。

想要变成了不起的人物，必须经过磨砺呀。

这届的状元是**章衡**，他是章惇的侄子，苏轼对他评价很高，称赞他是"百年无人望其项背"之人。

王安石　章惇　吕惠卿

吕惠卿、**章惇**二人中进士后，先后出任宰相。他们是支持王安石变法的重要人物，为推动变法做出了许多贡献。

程颐、程颢也是在这一年同时考中进士的。程颐是北宋的理学家、教育家，他与哥哥程颢同为理学创始人，世称"二程"。理学是宋明时期儒家思想学说的通称。程朱理学是理学的主要派别之一。

"程门立雪"讲的就是杨时和游酢（zuò）在雪中等待老师程颐醒来以求教的故事。

张载，号"横渠先生"，是北宋儒学大家，他留给后人有名的"横渠四句"："为天地立心，为生民立命，为往圣继绝学，为万世开太平。"

同时考中进士的**苏轼**、**苏辙**和**曾巩**三人位列唐宋八大家。苏辙是苏轼的弟弟，他和曾巩主要以散文著称，苏轼则是全能型的人才，散文、诗词、书法、绘画样样精通。苏轼的词气势豪迈，代表作有《念奴娇·赤壁怀古》等。

曾巩带着三个弟弟和两个妹夫一同参加科考，创造了曾家**一门六进士**的科考奇迹。

王韶是文官出身的北宋名将，他曾率军进攻吐蕃，收复了河、洮(táo)等五州，为北宋开疆拓土两千余里，这就是历史上有名的"熙河开边"。

宋朝盛行随意挥洒的行书，苏轼与黄庭坚、米芾、蔡襄被合称为"宋四家"。

苏东坡与黄庭坚在诗词上成就很高，被合称为"苏黄"。他们的书法也各有新意。两人情趣相投，既是师生，也是很好的朋友。有一天，苏东坡与黄庭坚一起讨论书法，两人互相调侃对方的书法风格，还留下了一段关于书法点评的佳话。

文化卡片

荡桨笔法

一次，黄庭坚乘船漫游，船工们用力划桨，桨在水中拨动的样子自然流畅。这时的木桨就像毛笔，水面就是白纸，而草书的运笔就像木桨划过水面一样挥洒自如、均匀有力。至此，黄庭坚悟出了草书的笔法。

黄庭坚，北宋诗人、书法家。他与张耒(lěi)、晁(cháo)补之、秦观都游学于苏轼门下，合称为"苏门四学士"。

先生的字天下闻名，但我觉得你的字写得太扁，墨迹太浅，像石块压着蛤蟆！

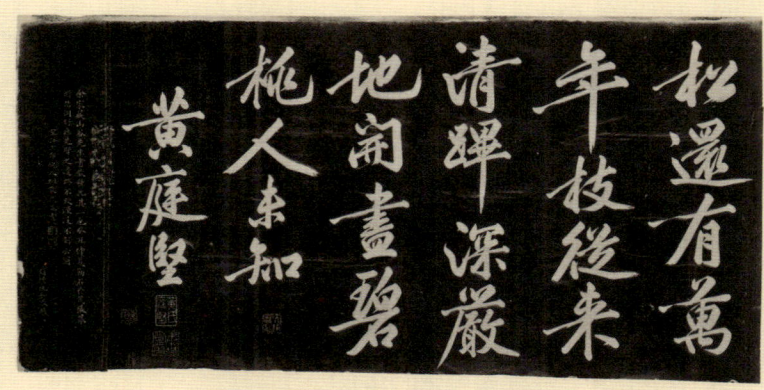

黄庭坚书七律诗刻石（其一）

> 时代：清咸丰三年（1853）摹刻
> 尺寸：高 53 厘米，宽 102 厘米
> 收藏地：西安碑林博物馆
> 文物来源：原立于陕西省兴平县

字如其人

这是黄庭坚的行书作品，内容是描写宫廷生活的一首七律诗。黄庭坚的行书作品大都长横长竖、大撇大捺，由中心向外作辐射状，显得气宇轩昂，和他豁达磊落的为人非常相似。

> 你的字虽然清劲有力，但写得太瘦，像蛇挂在树梢上呢!

苏轼擅长行、楷书，在北宋书坛是"宋四家"之首。

蔡襄是北宋有名的书法家,他的书法浑厚端庄,淳淡婉美。他还是一位深受百姓爱戴的官员,为官正直,人品卓著。因着这么多的加分项,蔡襄从北宋众多的书法家中脱颖而出,位列"宋四家"。

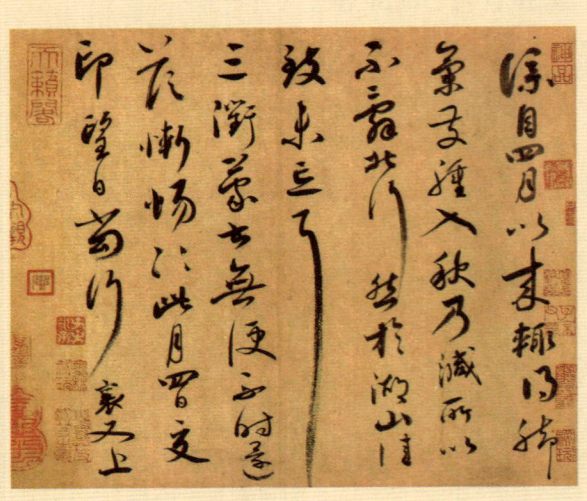

脚气帖

时代:北宋嘉祐五年(1060)
尺寸:宽26.9厘米,高21.7厘米
收藏地:台北故宫博物院

一个有味道的帖子

《脚气帖》是蔡襄的行书作品。这个帖子是蔡襄离任前写给友人的一封书信。当时蔡襄将近五十岁,朝廷召蔡襄回到京城做高官,他上表推诿的主要理由就是身体不好,不能胜任。蔡襄晚年一直受脚痛病困扰,曾多次在书信中说"足膝日甚",这正是所谓的"脚气"。

蔡襄的书法浑厚端庄、淳淡婉美,自成一体,被苏东坡推为"本朝第一"。

米芾是个奇人,个性怪异,举止癫狂,因此被人称为"米颠"。

北宋的书法家里还有一位身份比较特殊,他就是宋徽宗——赵佶。赵佶热爱书法,二十一岁时就创造出了"瘦金体"。他和书法家米芾经常在一起切磋书法技艺,还直接提拔米芾当了大官。他俩之间的趣事也不少。

文化卡片

赵佶（1082—1135），北宋第八位皇帝，庙号徽宗。宋徽宗创造了"瘦金体"，在中国书法史上有很高的声誉，还设立了绘画学科，将美术纳入科举考试。

大观圣作之碑

时代：北宋大观二年（1108）
尺寸：高378厘米，宽140厘米
收藏地：西安碑林博物馆
文物来源：原立于陕西省乾县

宋徽宗独创的字体

碑文字体瘦直、挺拔，是宋徽宗独创的"瘦金体"。他将绘画笔法与书法笔法融合，形成了这种纤细有力、笔笔如刀的风格。

北宋教育制度——"三舍法"

碑文提到北宋的一种教育制度——"三舍法"，由王安石提出。他主张从学校中选拔治国人才，最优秀的人毕业可以直接当官。这个改革措施将学校变成了选官制度的一个组成部分。在宋朝及以后的很长一段时间，这项制度都在太学实行，甚至短暂取代了科举制，成为国家选拔官员的主要手段。

国宝有话说

大家说我是神笔"转世",而且我擅长临摹,写谁像谁。

这些字真是太养眼了!

米芾四条屏刻石

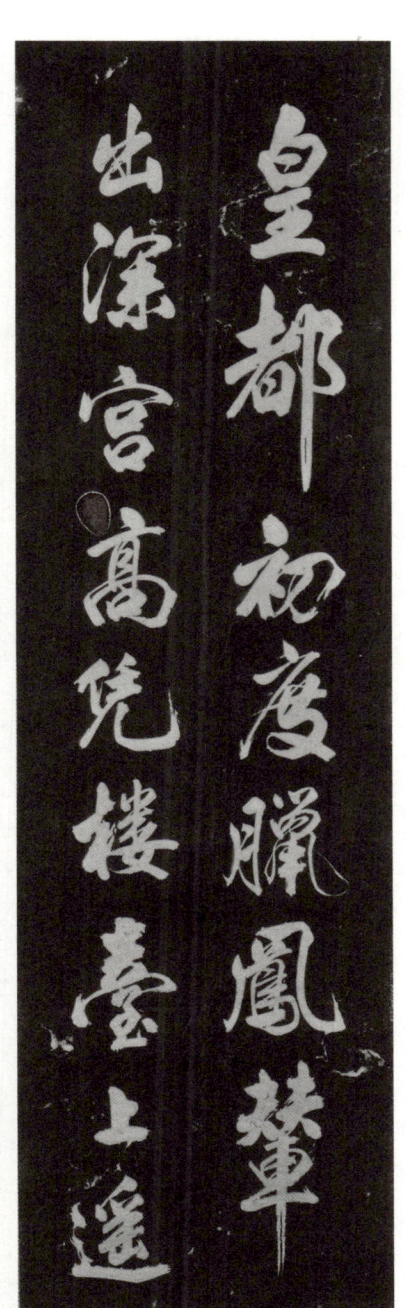
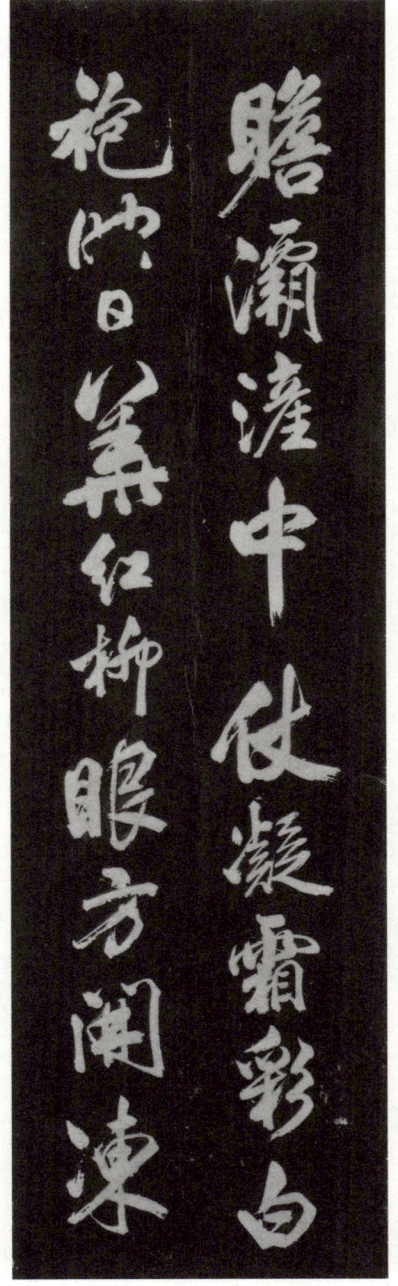

基本信息

时代：清朝（1636—1912）
尺寸：高130厘米，宽38厘米（每块）
收藏地：西安碑林博物馆
文物来源：清代根据桂林拓片摹刻而成

行书的妙品佳作

碑文内容是北宋书法家米芾用行书写的一首五言律诗。米芾在书法上讲求意趣和个性，反对造作。他的《四条屏刻石》舒畅自然，神采焕发，非常有艺术魅力，最能代表米芾书法的特点。

25

三个旅行者已经看到了很多重要的石碑、石刻，有记录人物事迹的，有石经，还有书法家的墨宝等。随着时间的流逝，战争和自然灾害都会对石碑造成破坏。

北宋时，为了保护这些碑石，吕大忠创立了西安碑林，将重要的石碑、石刻集中起来统一保存。听到这个消息，姐弟俩松了一口气。

吕大忠 京兆蓝田人，任陕西转运副使期间，创建了西安碑林。吕大忠是北宋年间理学的著名人物，与弟吕大防、吕大钧、吕大临合称"蓝田吕氏四贤"。

1087年，吕大忠将《开成石经》《石台孝经》以及欧阳询、颜真卿等书法家所书的著名石碑迁到府学北面的城墙边，并修建碑亭、碑廊，创立了**西安碑林**。后来，碑林的影响力越来越大，各个朝代的很多名碑都存放在这里。这就是西安碑林博物馆的来源。

> 碑林最早是孔庙里的一个院落，叫作碑院。

扫一扫，
听课啦！

京兆府学新移石经记

时代：北宋元祐五年（1090）
尺寸：高130厘米，宽83厘米
收藏地：西安碑林博物馆
文物来源：西安旧藏

碑林的前世今生

此碑为黎持撰文，安宜之书写。碑文记述了元祐二年（1087）陕西转运副使吕大忠将石经迁至碑林现址的经过。

27

"崇文抑武"的治国方略使北宋的文化艺术达到了空前的繁荣，随着金石学兴起，古代青铜器与石刻的价值越来越受到学者的重视。

西安碑林作为一处重要的文化遗产，里面收藏的众多文物得到了保护和修复。

宋朝文人开始系统研究古代青铜器和石刻碑碣以及相关拓片，这就是中国考古学的前身——**金石学**。

李清照和**赵明诚**夫妇是著名的金石学家，两人合著的《金石录》是中国最早的金石目录和研究专著之一，内容为铜器铭文、石刻目录以及就部分古器物、碑刻写的题跋。

文化卡片

典衣治学

李清照和丈夫赵明诚十分痴迷金石古器、碑刻铭文和古书。他们生活十分节俭，省下的钱大多用来购买碑帖字画了。有一天李清照在书市上发现了一本古书。因为身上带的银子不够，李清照去当铺当了衣服，才买下了那本书，而此时身上只剩下一件薄薄的单衣。

宋朝时，中国的丝绸、瓷器、茶叶等商品靠大海船运输，漂洋过海，走向世界。

码头上，人们在往大船上搬运货物，这忙碌的景象让三个旅行者印象深刻。

宋朝的海船船体很大，目前世界上发现的最大的海船"**南海一号**"，船体长度在二十六米以上、宽十余米，载重可能近八百千克。

宋朝的多桅船的桅杆底座加上了转轴，随时可以将桅杆竖起或放倒。

宋朝是中国瓷器发展史上的辉煌时代，制瓷名窑已遍及大半个中国。当时的钧窑、哥窑、官窑、汝窑和定窑并称为五大名窑，专门烧制瓷器。

宋朝瓷器造形优雅、釉色纯净、图案清秀，在中国陶瓷史上独树一帜。

有问必答

中国为什么叫"China"？

瓷器的英文是china，与"中国"的英文China一样，这是因为西方人认为中国是陶瓷之乡。

瓷器是怎么运输的？

最初是把瓷器捆在一起，在间隙中撒上泥土，再种上豆、麦类的种子，种子生根发芽后互相交错，捆在一起的瓷器成了一个整体，就不怕路上颠簸了。后来，古人就用纸包或者用茭草捆扎好瓷器，再放进木桶里运输。

文化卡片

五大名窑

钧窑 由于釉料配方独特，窑内温度不同，开窑后每一件瓷器的色彩都不相同，"入窑一色，出窑万彩"。

钧窑玫瑰紫釉葵花式花盆（宋）

尺寸：高 15.8 厘米，口径 22.8 厘米，足径 11.5 厘米

收藏地：故宫博物院

哥窑 以表面纹片著名，哥窑烧制的冰裂纹瓷器有一种别致的美感。

哥窑青釉鱼耳炉（宋）

尺寸：高 9 厘米，口径 11.8 厘米，足径 9.6 厘米

收藏地：故宫博物院

汝窑 深受宋朝士大夫喜爱，以青瓷为主，有玉石一样的质感，釉面有很细的开片。

汝窑天青釉碗（宋）

尺寸：高 6.7 厘米，口径 17.1 厘米，足径 7.7 厘米

收藏地：故宫博物院

官窑 专为宫廷烧制瓷器，造型大多模仿古代青铜器的器型。官窑所用的胎土含铁量极高，手感沉重，既有开片，又有裂纹，瓷器表面呈深黑褐色，号称"紫口铁足"。

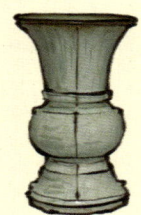

官窑青瓷尊（宋）

尺寸：高 25.9 厘米，口径 16.5 厘米，足径 13.0 厘米

收藏地：台北故宫博物院

定窑 定州白瓷窑，以烧制细白瓷为主，装饰图案常用印花、划花和堆花手法，有浅浮雕之美。

定窑白釉刻花牡丹纹盘（宋）

尺寸：高 3.1 厘米，口径 26.7 厘米，足径 18.1 厘米

收藏地：故宫博物院

勾栏里面的表演通常都是收费的，有的收门票，有的在表演之前会有专人向现场观众"**讨赏钱**"。

包大人，民女有冤！

▌文化卡片

一千年前的"娱乐场所"——勾栏瓦舍

勾栏瓦舍是宋朝汴京的娱乐场所，《东京梦华录》里曾提到七十多位当时的著名艺人，比如以唱闻名的李师师、徐婆惜，表演小杂剧的李外宁，说书的杨中立、张十一、徐明，表演舞剧的杨望京，等等。

看过了热闹的码头和美丽的瓷器，五千岁带着姐弟俩来逛宋朝的商业街了。宋朝的商业都市很多，最大的就是北宋时的汴京（今开封）和南宋时的临安（今杭州）。

商业街上店铺林立，早市、夜市接踵而至，还有许多文化娱乐的场所，叫作"瓦舍"。瓦舍中圈出了许多专供演出的圈子，称为"勾栏"。

宋朝**勾栏瓦舍**里节目丰富多样，有说书的、唱曲的、演杂剧的、耍杂技的、表演踢球的等。

瓦舍里不仅有令人眼花缭乱的各种精彩表演，还有许多卖饮食的摊位，十分热闹。大的瓦舍能容纳几千人。姐弟俩在这里一边看表演，一边品尝宋朝的各种美味饮食，别提多开心了。

有问必答

武大郎卖的炊饼是什么样的？

炊饼就是现在的馒头，一开始叫蒸饼，后来为了避宋仁宗赵祯的讳才改名的。因为"祯"和"蒸"谐音。

来来来，有钱捧个钱场，没钱捧个人场！

宋朝**饮食丰富**，有灌汤包、饺子、火腿、东坡肉、火锅、油条、汤圆、爆米花、切糕等，夏天还有各种冷饮。

文化卡片

北宋汴京及中原靠近辽和西夏，各民族互相交易，所吃的羊肉大部分都来自游牧民族。宋朝羊肉吃法多样，烤、煎、炖各样都有。

据史书记载，宋徽宗属狗，开封禁止吃狗，可是当时许多人有吃狗肉的习惯，于是发生了"挂羊头卖狗肉"的事情。

虽然宋朝的经济和文化再创高峰，但是也并非安享太平。宋与辽一直在争夺燕云十六州。1004年，宋真宗澶州督战，打退辽军，宋与辽签订了"澶渊之盟"。此后，宋辽之间保持了一百多年的和平局面。

床弩体型庞大，是一种远程杀伤武器。在攻城和守城战中，床弩威力大、射程远，可以有效打击北方游牧部族的骑兵力量。

文化卡片

辽国先锋萧挞凛被床弩射死，辽军士气大损，而此前北宋为夺回被辽占领的地区，几次北伐，都遭到失败，损失惨重，只好采取防御政策。双方都急于结束战争，辽最先提出议和。"澶渊之盟"规定辽宋为兄弟之国，宋每年送给辽岁币银十万两、绢二十万匹。

时代：北宋政和八年（1118）
尺寸：高 222 厘米，宽 107 厘米
收藏地：西安碑林博物馆
文物来源：原立于陕西省府谷县天平山折继闵墓前

府州折家将

北宋大将折继闵，字广孝，他身材高大、熟读兵书、足智多谋。1038 年元昊称帝，在宋朝西北部建立西夏，之后大肆侵略宋朝，频繁发动边疆战争。折继闵历经三十多次战役，稳定了边疆局势，为保卫宋朝立下了汗马功劳。

碑文记述了北宋大将折继闵多次应诏，率兵与辽、夏作战的功绩，也反映出北宋与辽、夏、金的关系。

注：神道碑是立在墓碑前记载死者生平事迹的石碑。

折继闵神道碑

宋神宗时期，宋辽关系再度紧张。1075年，宋神宗派沈括出使辽国谈判疆土问题。回来的路上，沈括不坐马车，还要走土路，到处打猎。

姐弟俩跟着沈括游山玩水，十分惬意。可是，让他们好奇的是，国家现在有危机，沈括怎么有这种闲情逸致呢？

沈括实地考察辽国的疆域后，将辽国的地理特征绘制成地图——**《使契丹图钞》**，这为之后的宋辽之战做了准备。沈括制作的《使契丹图钞》是世界上最早的立体地图，地图上的山川都是用木屑和蜡做成的立体模型。它比国外最早的立体地图要早六百多年。但随着宋朝灭亡，这份地图遗失了。

> 这宋朝来的沈大人就知道吃喝玩乐。

> 是啊，他一路走，一路打猎，咱们吃了一路的烧烤。

文化卡片

《梦溪笔谈》

沈括是北宋时期的科学家，他编著的《梦溪笔谈》记录了数学、天文历法、地理、物理、化学等各学科的知识。毕昇发明的活字印刷术，就是由这部著作记载下来的。沈括还在书中预言，石油在未来"必大行于世"。"石油"这一名称，就是他开始使用的。

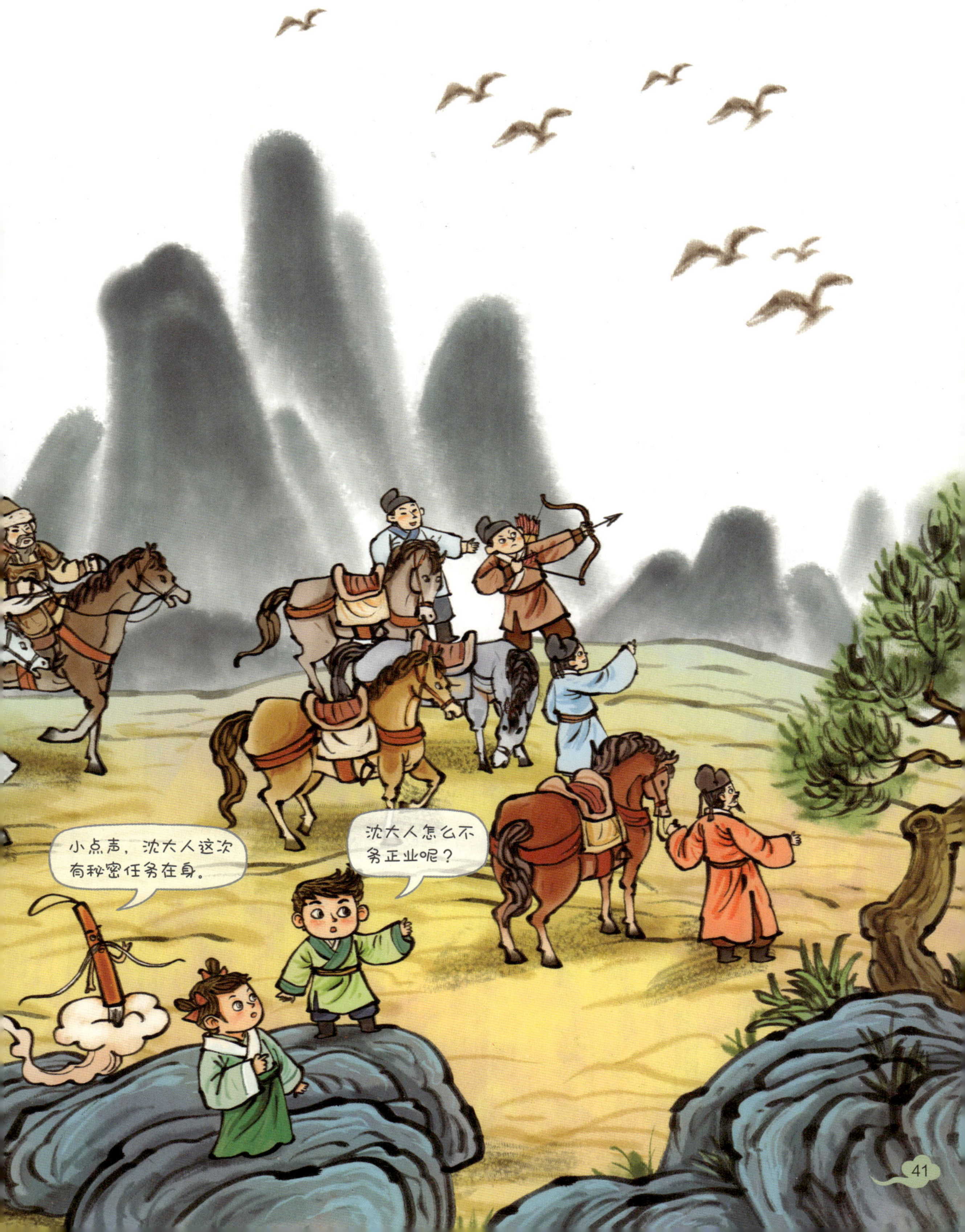
小点声，沈大人这次有秘密任务在身。
沈大人怎么不务正业呢？

咱们先用长刀和大斧砍断金军的马腿。
打得好！岳元帅厉害！
“铁浮图”是金军的全甲重骑兵，战士和战马都身披重甲。“铁浮图”对于普通弓箭、刀枪具有比较强的防御力，重甲很难被直接穿透。
后来为什么不乘胜追击？
朝廷已经连续送来十二道金牌，要求岳飞停战回朝。

后来，辽和宋相继被女真建立的金国所灭。1127年，宋钦宗的弟弟赵构称帝，重建宋朝，史称南宋。南宋初年，因为岳飞等抗金名将的英勇抵抗，金军几次南征一直都没能消灭南宋。

不过，南宋奸臣也不少，比如陷害岳飞的秦桧，谎报军情、欺君瞒上的贾似道。

把金人赶回老家！

文化卡片

南宋时，金军几次南下，大将岳飞都英勇抵抗。传说岳飞上战场前，母亲在他的背上刺下了"精忠报国"四个大字，这成为岳飞终生遵奉的信条。岳飞收复了许多失地，但宋高宗一心求和，权臣秦桧等人又担心岳飞力量壮大，威胁他们的权势，就解除了他的兵权。后来秦桧以"莫须有"的罪名杀害了岳飞。虽然岳飞含冤去世，但是他得到了人们的尊重。

蟋蟀宰相

南宋宰相贾似道喜欢斗蟋蟀，上朝时都带着蟋蟀。忽必烈围困襄阳三年，贾似道却一直隐瞒不上报。后来，贾似道被逼领兵出征丁家洲，但他临阵脱逃，导致南宋军队大败。贾似道为非作歹、祸国殃民，可以说是南宋灭亡的罪人。

尽管有张世杰、陆秀夫与文天祥这样的英雄抵抗金兵，依然改变不了南宋灭亡的命运。1279年的崖山海战是宋元之间的最后一战。元军以少胜多，宋军全军覆灭，大臣陆秀夫背着少帝赵昺投海自尽，十万军民跳海殉国。

目睹南宋灭亡的悲壮过程，姐弟俩十分难过。

❶ "铁索连舟"战法导致宋军机动性差，元军攻上战船之后，双方短兵相接，宋军远不是元军的对手。

❷ 宋军虽然数量庞大，但基本是溃败的军队，以及大量官宦、宫人、官兵家属，很难形成战斗力。

❸ 车船是可以容纳七八百人的巨舰。水手隐蔽在舱里，踩踏脚板联动车轮。车船行驶速度非常快，也被称为"千里船"。

❹ 火药是在宋朝装备到军队中的，宋朝时主要使用火药箭、突火枪、霹雳炮等以燃烧性能为主的武器。突火枪是世界上第一种发射子弹的步枪。

这是南宋与元的决战。

宋人必死！

陆大人，我们抵挡不住了。

德应侯碑

> **基本信息**
>
> 时代：北宋元丰七年（1084）
> 尺寸：高 125 厘米，宽 61.6 厘米
> 收藏地：西安碑林博物馆
> 文物来源：原立于陕西省耀州窑遗址

德应侯庙里的窑神有虞舜、老子、雷公，他们被称为"德应侯"。

国宝有话说

窑神的来历

这是我国存世最早的，也是唯一一件被皇帝赏赐封号的窑神碑。

德应侯原为陕西耀州黄堡镇的山神，因古人在采取陶土、烧造瓷器时，都要供奉山神来保佑自己，久而久之，山神就变成了窑神。

研究耀州窑和中国陶瓷史的石刻资料

《德应侯碑》的碑文记载了耀州窑的烧造盛况、发展历史、制瓷工艺，以及黄堡镇的自然环境、陶瓷业的生产方式等内容，是研究中国陶瓷史的珍贵石刻资料。

悲惨遭遇

20 世纪 50 年代初，我国古陶瓷专家来到黄堡镇调查耀州窑遗址。他们在当地一所小学食堂的角落里，意外发现了《德应侯碑》。它被人们当成餐桌，沾满饭垢和油渍，让人既惊喜又心疼。

十八体篆书碑

原来篆书有这么多的样式！

基本信息

时代：北宋乾德五年（967）
尺寸：高202厘米，宽80厘米
收藏地：西安碑林博物馆
文物来源：原立于京兆府文宣王庙（今西安市西大街社会路一带）

书法创新的标杆

碑身上面两栏刻有三十三首友人赠予梦英的诗作，下面三栏刻的是梦英用十八种篆体书写的南朝宋僧人惠休的五言诗一首。梦英对篆书的发展起到了极大的推动作用。宋太祖赵匡胤十分喜爱这幅书法作品，他还命人刊刻碑石立在西安文庙前，作为书法创新的标杆供各地学子学习、效仿。

书法中的民族美感

十八种篆体中，除了大篆和小篆，还有古文、籀文、柳叶篆、垂云篆、雕虫篆、龙爪篆等，大多是梦英加入不同装饰效果的变形小篆。

随着社会发展和书写便利的需要，篆书的实用功能逐渐弱化。现代美学家宗白华就说过，中国书法不像其他民族的文字，停留在作为符号的阶段，而是从创造开始，就在实用之外，同时走向艺术美的方向，成为表达民族美感的工具。

苏东坡集归去来兮辞诗刻石

> **基本信息**
>
> **时代**：北宋元丰四年（1081）
>
> **尺寸**：高265厘米，宽102厘米
>
> **收藏地**：西安碑林博物馆
>
> **文物来源**：原立于西安市三学街小学院内

开创书法"尚意"的先河

碑文内容是苏轼为追和东晋大诗人陶渊明的辞赋名篇《归去来兮辞》所作的组诗。苏轼的行书通篇字体丰腴、从容飘逸、豪迈不羁，字里行间流露出苏轼轻松愉快的心情。

苏轼擅长行、楷书，提倡"尚意"，追求自然，体现为一种闲情雅意、超然物外的自然情怀，开创了属于宋人自己的书法潮流。

> 我和你一样喜欢陶渊明的诗。

> 原来我们都是陶渊明的仰慕者。